A mi perro Dilys:
Te debo una salchicha.

Puedes consultar nuestro catálogo en www.picarona.net

10 PERROS
Texto y Ilustraciones: *Emily Gravett*

1.ª edición: abril de 2023

Título original: *10 Dogs*

Traducción: *Júlia Gumà*
Maquetación: *Carol Briceño*
Corrección: *Sara Moreno*

© 2023, Emily Gravett para el texto y las ilustraciones
Primera edición en inglés en 2023 por Two Hoots, sello editorial de Pan Macmillan
(Reservados todos los derechos)

© 2023, Ediciones Obelisco, S. L.
www.edicionesobelisco.com
(Reservados los derechos para la lengua española)

Edita: Picarona, sello infantil de Ediciones Obelisco, S. L.
Collita, 23-25. Pol. Ind. Molí de la Bastida
08191 Rubí - Barcelona - España
Tel. 93 309 85 25 - Fax 93 309 85 23
E-mail: picarona@picarona.net

ISBN: 978-84-9145-625-4
Depósito Legal: B-19.117-2022

Printed in China

Reservados todos los derechos. Ninguna parte de esta publicación, incluido el diseño de la cubierta, puede ser reproducida, almacenada, transmitida o utilizada en manera alguna por ningún medio, ya sea electrónico, químico, mecánico, óptico, de grabación o electrográfico, sin el previo consentimiento por escrito del editor. Dirígete a CEDRO (Centro Español de Derechos Reprográficos, www.cedro.org) si necesitas fotocopiar o escanear algún fragmento de esta obra.

10 PERROS

Emily Gravett

Picarona

10 perros

10 salchichas

1 perro con todas las salchichas

9 perros con ninguna

2 perros con la mitad cada uno

8 perros que quieren un poco

3 perros con muchas salchichas

7 perros con pocas

4 perros vigilan las salchichas

6 perros que no les tienen miedo

5 perros cada uno con un par

5 perros que intentan quitárselas

7 perros las esconden

2 perros en el suelo

9 perros todos con salchichas

1 perro que no tiene ninguna

10 perros compartiendo salchichas

Y ahora, ¿cuántas han quedado?